AF358563

RÉPUBLIQUE FRANÇAISE
Liberté — Égalité — Fraternité

NOUVELLE-CALÉDONIE ET DÉPENDANCES

ÉTUDE
DE LA MISE EN VALEUR

DE LA

NOUVELLE-CALÉDONIE

et de ses Dépendances

Programme de Grands Travaux

NOUMÉA. — IMPRIMERIE NATIONALE
1925

LETTRE du Gouverneur au Ministre des Colonies rendant compte des travaux de la Commission chargée d'élaborer un programme de mise en valeur de la Nouvelle-Calédonie.

Nouméa, le 20 Novembre 1925.

Le Gouverneur de la Nouvelle-Calédonie
et Dépendances,

à Monsieur le Ministre des Colonies,
Inspection Générale des Travaux Publics
et des Mines des Colonies.

Paris.

Comme suite aux instructions contenues dans les câbles circulaires 21 du 29 novembre 1924, 23 du 6 décembre 1924, 4 du 12 mars 1925 et 9 du 23 mai 1925, ainsi qu'aux câbles en réponse du Gouvernement local n° 6 (réponse à 21 et à 23) du 13 janvier 1925 et 84 du 6 juillet 1925 (réponse à 9), j'ai l'honneur de vous faire parvenir, ci-joint, un dossier relatif à la mise en valeur de la Nouvelle-Calédonie par la réalisation d'un programme de travaux à exécuter sur une période de vingt années.

*
* *

Un premier programme a été adressé au Département en 1920 ; la nomenclature des travaux qu'il contenait a figuré au programme général de M. le Ministre Sarraut du 13 avril 1921.

L'incertitude des voies et moyens de réalisation, notamment au point de vue financier, a vraisemblablement eu une influence défavorable sur cette étude locale d'ensemble ; le programme élaboré à l'époque se ressent d'un certain pessimisme et manque, en conséquence, d'ampleur ; néanmoins, renfermant d'excellents principes, il était tout indiqué de s'en servir comme bases pour l'établissement d'un nouveau programme.

C'est ce qui a été fait au début de l'année courante, où, à la suite de la réception des circulaires C 21 et C 23, celui-ci a été arrêté dans son ensemble et pour la période triennale 1926-1928 ; ses dispositions principales ont été adressées au Département par le câble n° 6 du 13 janvier 1925.

Les instructions contenues dans la C 4 du 12 mars 1915, confirmées et modifiées par la C 9 du 23 Mai 1925, en apportant les précisions indispensables, notamment au point de vue financier, pour la réalisation du programme établi, bouleversaient complètement les prévisions de ce dernier.

J'ai estimé - c'était précisément à l'époque de mon arrivée dans la Colonie - qu'il convenait, tout en tenant compte des études antérieures, de reprendre sur de nouvelles bases l'examen de tous les problèmes se rattachant à un titre quelconque à la mise en valeur de la Colonie.

C'est à cette fin que j'ai constitué une Commission dont le but, le rôle et les directives sont définis dans ma circulaire du 10 avril 1925 (Pièce n° 5 du dossier joint) et la composition indiquée dans la décision du même jour (même pièce in fine).

Ce sont les travaux de cette Commission qui font l'objet du dossier joint et que j'ai tenu à vous adresser dans son ensemble, afin de vous permettre d'apprécier jusque dans ses moindres détails le programme élaboré par la dite Commission avec les mesures de réalisation qu'elle a préconisées.

Bien que les personnalités qui composaient cette dernière me donnassent la garantie qu'un travail sérieux et pratique serait établi au sein de la Commission, j'ai tenu, avant de vous faire parvenir ses travaux, à bien connaître la Colonie et à me rendre personnellement compte de ses besoins.

Si cette manière de faire a apporté un retard

assez important dans l'envoi du programme - ce dont je vous serais reconnaissant de vouloir bien m'excuser - elle me permet aujourd'hui de vous affirmer, à la suite de six tournées effectuées dans la Colonie et ses dépendances, que celles-ci offrent de merveilleuses possibilités dans toutes les branches de l'activité économique et de vous assurer que le programme de mise en valeur que je vous soumets répond à des besoins urgents qu'il importe de satisfaire à brève échéance.

Dans toutes les régions que j'ai visitées, les mêmes désiderata m'ont été présentés : des routes. des moyens de manutention des produits tant importés qu'exportés, la protection plus efficace de la population contre les maladies épidémiques ou endémiques, le développement des œuvres d'enseignement public, la rénovation et l'extension des moyens de communication électriques et radioélectriques.

Les travaux prévus par la Commission visent précisément, d'une part, à l'amélioration et au développement des voies de communication et des moyens de manutention, d'échange et d'expédition des produits importés ou exportés, d'autre part, à l'amélioration de l'hygiène générale et à l'extension des mesures d'éducation de la jeunesse.

Il y a donc parfaite harmonie - je l'ai reconnu sur place - entre les besoins à satisfaire et les moyens proposés, dans ce but, par la Commission.

Je soumets à votre bienveillante attention, en vous en demandant la prise en considération, le programme de mise en valeur de la Nouvelle-Calédonie et des mesures de réalisation élaboré par la Commission, programme que j'ai fait mien, sauf quelques modifications de détail portant sur l'ordre d'exécution des travaux de routes.

La Commission tout en préconisant un vigoureux et immédiat effort sur les routes, ce qui est indispensable, l'a presque uniquement fait porter sur l'artère principale de la Colonie - la route Coloniale n° 1 - qui la longera sur la côte Ouest du Sud au Nord.

J'estime, que tout en continuant la construction de cette route, il importe aussi, avec le même degré d'urgence, d'élargir les bassins économiques des centres côtiers, en créant des voies carrossables de ces centres jusqu'aux têtes des vallées au débouché desquelles ils sont situés (amorces des routes transversales). Ceci permettra d'ouvrir de nouvelles terres à la Colonisation et de donner aux colons déjà établis les moyens d'évacuation qu'ils demandent si légitimement.

Dans mon discours d'ouverture de la session ordinaire de Juin-Juillet 1925 du Conseil Général de la Colonie - discours dont ci joint un exemplaire - j'ai fait la synthèse du programme élaboré par la Commission et des mesures de réalisation en tenant compte de la modification sus-indiquée.

L'assemblée élue au cours de cette session a adopté à l'unanimité les propositions d'ensemble de la Commission et approuvé la modification que je me propose d'y apporter, lors de leur réalisation, en ce qui concerne les routes.

*
* *

Je ne crois pas utile d'entrer ici dans les détails du programme élaboré ; ils sont exposés dans le rapport de la Commission.

Je me bornerai à rappeler que les prévisions atteignent au total 56.775.000 frs avec répartition en quatre tranches de 3 ans, conformément aux désiderata du Département, 6, 6 et 5 ans, se montant chacune à :

1re tranche............	22.100.000 »»
2e tranche............	23.903.500 »»
3e tranche............	9.739.000 »»
4e tranche............	2.032.500 »»
Total égal...	56.775.000 »»

La combinaison devant permettre la réalisation, au point de vue financier, du programme de mise en valeur de la Colonie est exposée dans le rapport de la Commission et synthétisée également dans mon discours précité.

Je ne pourrais en la résumant qu'en donner un aperçu incomplet.

Mais je crois devoir insister sur ce que, par un vigoureux effort fiscal, la Colonie vient de se mettre en mesure de faire face aux sacrifices qu'entraînera pour elle cette réalisation ; aucun recours direct au budget de l'Etat n'est ou ne sera demandé ; seul un concours indirect de la Métropole est envisagé sous forme :

1° de fourniture du matériel et des matériaux à provenir dès prestations allemandes dans les conditions fixées par la C 4 du 12 mars 1925 ;

2° de remise gracieuse à la Colonie de bâtiments des Domaines militaire et pénitentiaire dont l'Etat n'a plus l'utilisation.

La première forme sus-indiquée répond d'ailleurs aux offres présentées dans la C 4 du 12 Mars 1925.

En ce qui concerne la seconde, je suis d'autant plus convaincu de votre bienveillante sollicitude à l'égard de la Colonie que, ayant demandé par câble du 26 septembre dernier la cession de quelques-uns de ces bâtiments aux prix du cahier des charges, satisfaction m'a été immédiatement accordée.

Je ne saurais trop, Monsieur le Ministre, vous en exprimer ma gratitude personnelle et celle de la Colonie tout entière.

* *

Ceci dit je réponds aux différents points exposés dans les câbles précités, en vous exposant les raisons pour lesquelles les instructions qu'ils contenaient n'ont pu être entièrement suivies.

Plan de campagne triennal, avant-projets et estimation des prestations

Le très faible effectif du personnel technique en service dans la Colonie - réduit à un conducteur et à deux commis du cadre général des Travaux Publics (dont le conducteur et un commis détachés du cadre métropolitain) - n'a pas permis de dresser des avant-projets, même sommaires, des différents travaux prévus au programme et dont certains exigent, d'ailleurs, le recours à des compétences ou à des techniciens spécialisés (Port, égouts, adduction d'eau).

Il n'a donc pas été possible de joindre au plan de campagne triennal 1926-1928, détaillé au rapport de la Commission, les avant-projets et les estimations de détail des prestations ainsi que le demandait la C 4 du 12 mars 1925.

Je me propose de faire exécuter les études nécessaires à la rédaction des avant-projets et projets d'exécution partie à l'entreprise et partie en régie.

A l'entreprise seraient confiées les études exigeant le concours de compétences spéciales, soit pour les travaux du port de Nouméa, d'égouts et d'adduction d'eau. Un devis-programme établi d'après les dispositions principales, arrêtées par la Commission des ouvrages entrant dans la nomenclature ci-dessus serait dressé ici et servirait de base à la mise au concours des études ; les travaux seraient ensuite exécutés par un entrepreneur ou une Société d'études et de travaux, métropolitain ou colonial - l'auteur des projets pourrait d'ailleurs être cet entrepreneur - suivant les plans et devis qui seraient ainsi dressés sous le contrôle de l'Administration.

Tous les autres travaux - notamment ceux des routes - seraient étudiés par le personnel technique local, renforcé numériquement par un recrutement dans la Colonie et par celui de deux ou trois conducteurs métropolitains spécialisés surtout en tracé et terrassements.

Cette façon d'opérer permettrait à brève échéance, de vous soumettre les documents, qu'à mon grand regret, je ne puis vous adresser aujourd'hui.

Je vous serais reconnaissant de vouloir bien me faire connaître aussitôt que possible, si vous approu-vez la methode d'études ci-dessus indiquée ou à défaut qu'elle serait celle que vous me recommanderiez d'adopter.

Je pourrais ainsi dès réception de vos instructions - qu'il serait désirable de me transmettre par câble pour gagner du temps - faire préparer tout ce qui sera nécessaire pour l'application de la méthode d'études qui sera adoptée.

Main-d'œuvre

Le plan de main-d'œuvre également demandé par la C 4 du 12 mars précitée a été établi par la Commission tant pour le programme entier que pour la tranche triennale ; il fait ressortir à 480 unités au maximum, compte tenu des possibilités locales, la main-d'œuvre nécessaire à sa réalisation.

D'ores et déjà il m'est permis de préciser que l'exécution des travaux ne saurait porter atteinte aux besoins en main-d'œuvre nécessaire aux cultures vivrières, aux entreprises privées ou aux services publics, ni nuire en quoi que ce soit au recrutement. Sans doute la Colonie a toujours souffert de la pénurie de main-d'œuvre locale, en raison du faible effectif de sa population.

Il y a très peu de manœuvres ordinaires, les manœuvres spécialisés sont rares, quant aux ouvriers d'art ils font totalement défaut

Mais les entreprises agricoles, minières, industrielles et commerciales de la Colonie ont, depuis plusieurs années, organisé, avec le concours de l'Administration locale, le recrutement de travailleurs javanais ou indo-chinois.

Pour l'exécution du programme de grands travaux la même nécessité d'un recrutement extérieur se fera sentir ; le concours, à cè point de vue particulier, de l'Indochine sera très précieux à la Nouvelle Calédonie pour lui fournir les manœuvres ordinaires et spécialisés nécessaires dont le nombre maximum a été fixé à 480 unités (soit le 1/5 de ce qu'ont recruté cette année les entreprises précitées.

En ce qui concerne les ouvriers d'art un recrutement métropolitain s'imposera, il ne portera que sur quelques unités qu'il ne paraît pas difficile d'obtenir.

D'ailleurs la méthode envisagée pour l'exécution des travaux complexes et nécessitant outre un nombre important de manœuvres, des ouvriers d'art - méthode exposée précédemment - apportera une solution partielle à la question main-d'œuvre.

La Société adjudicataire introduirait, en effet, et entretiendrait à ses frais, son personnel technique dirigeant ainsi que les chefs de chantiers et ouvriers d'art. Si la Colonie - et elle y aurait vraisemblablement un grand intérêt - traitait avec une entreprise indochinoise, celle-ci arriverait, de plus, avec sa main-d'œuvre ce qui éviterait au Gouvernement local l'opération d'un recrutement direct.

Quoi qu'il en soit, dans l'une ou l'autre hypothèse, la question de main-d'œuvre n'est pas un obstacle à la réalisation du programme et sa solution ne créera aucune difficulté aux diverses entreprises locales.

Personnel de direction européen

Ainsi que je l'ai exposé, il se réduira uniquement à un renfort de deux ou trois unités métropolitaines et d'un nombre sensiblement égal ou légèrement supérieur d'agents à recruter dans la Colonie.

A vrai dire il s'agira là plutôt d'un personnel de contrôle de l'exécution des travaux à l'entreprise que d'un personnel de direction, car la majeure partie des travaux du programme seront exécutés

par des entrepreneurs étrangers à la Colonie pour
les gros travaux visés précédemment, ou locaux pour
ceux ne présentant pas de complexité technique.

Budget spécial

Conformément aux directives contenues dans la
C 4 du 12 Mars 1925, les travaux ou mesures se
rapportant à un titre quelconque à la mise en
valeur de la Colonie feront l'objet dès 1926 d'un
budget spécial ou extraordinaire actuellement en
préparation.

La contexture en recettes pour l'exercice 1926
est la suivante :

Taxe sur les bénéfices de guerre (restes à recouvrer)............	1.060.000
Impôt du timbre (recette spécialisée)...........................	96.000
Contribution du budget ordinaire (environ)........................	800.000
Prélèvement sur la caisse de réserve de l'excédent disponible sur le minimum réglementaire.......	204.000
Contribution de la Ville de Nouméa	mémoire
Emprunt à réaliser	mémoire
Total....	2.160.000

Elle appelle les précisions suivantes :

Les ressources provenant de la taxe sur les bénéfices de guerre ont été, jusqu'au budget de 1925
inclus, incorporées au budget ordinaire ; l'appoint
de ces recettes, faute de toute autre ressource, était
en effet indispensable à l'équilibre de ce budget ; à
partir de 1926 les bénéfices de guerre alimenteront
le budget spécial.

Celles provenant de l'impôt du timbre devraient
normalement figurer au budget ordinaire ; leur
spécialisation au budget extraordinaire a été la
condition sous laquelle le Conseil Général de la

Colonie a donné son adhésion à la création de cet impòt.

Dès lors le budget ordinaire fait en faveur du budget spécial un effort supérieur à celui du 1/10ᵉ fixé par les instructions de la C 9 du 23 mai 1925, puisqu'en définitive sa contribution, pour 1926, atteindra 1.956.000, en regard d'un total de recettes d'environ 14.000.000 et ce, sans nuire à la marche normale des services de la Colonie pour l'année à venir.

La contribution de la Ville de Nouméa n'a été indiquée que pour mémoire alors que, d'après les prévisions de la Commission, elle devait s'élever à 250.000 frs dès 1926.

Le mécanisme des ressources à créer pour balancer cette participation ne pourra évidemment être déclanché que lorsque les travaux de port, d'égouts et d'adduction d'eau auront reçu un commencement d'exécution qui légitimera leur création.

L'urgence de ces travaux nécessite qu'ils soient entrepris à très brève échéance, mais leur exécution est subordonnée à la rédaction des projets relatifs à chacun d'eux ; les délais que demandera l'œuvre préparatoire paraissent devoir reculer vers la fin de 1926 ou au début de 1927 le commencement d'exécution ; par conséquent, c'est seulement à cette époque qu'il conviendra de demander à l Ville de Nouméa l'intégralité de sa participation financière.

L'emprunt figure également pour mémoire aux recettes du budget spécial ; sa réalisation demandera vraisemblablement un délai supérieur à un an ; par ailleurs, tous mes efforts tendront à éviter le recours à l'emprunt, suivant en cela les directives tracées par la C 4 du 12 mars 1925, tant que la situation du marché de l'argent ne se sera pas améliorée.

En dépenses, le budget spécial va être définitivement arrêté par le Conseil Général en la session qni s'ouvrira le 28 courant.

Les travaux de route y auront vraisemblablement une place prépondérante sans que soient négligés toutefois les travaux qui ne nécessitent que des études pouvant être faites par le personnel technique actuel et dont l'urgence commande une réalisation immédiate, c'est le cas pour l'hygiène notamment.

Copies de correspondance

Conformément aux prescriptions de la C 9 du 23 mai 1925, je vous adresse copie de la correspondance adressée au Département sur le programme de travaux.

Je n'ai pas cru devoir faire envoi des propositions établies en 1921 que je considère comme définitivement remplacées par celles que je vous adresse ce jour.

Cette correspondance se borne donc au câble n° 6 du 13 janvier 1925 répondant aux câbles c 21 et c 23 des 29 novembre et 6 décembre 1925, ainsi qu'au câble n° 84 du 6 juillet 1925 répondant au câble c 9 du 23 mai 1925 ; copies de ces documents sont ci-jointes.

***

Je précise à nouveau que les travaux projetés ont déjà reçu l'approbation du Conseil Général de la Colonie, dont la collaboration confiante avec l'Administration locale, collaboration déjà signalée par ma lettre 413 du 26 août 1925, sera un facteur précieux pour la réalisation de la mise en valeur de la Colonie.

La municipalité de Nouméa, par l'organe de son premier magistrat, a également accepté le principe de sa contribution financière à l'exécution du programme.

Par ailleurs, le concours de la succursale locale de la Banque de l'Indochine, ainsi que celui de toutes les personnalités politiques, commerciales ou industrielles de la Colonie est, par avance, acquis à la réalisation du programme qui vous est soumis.

Aussi, devant le complet bon vouloir apporté, par la Colonie tout entière et ses représentants qualifiés, à la réalisation de la mise en valeur de notre belle Colonie, c'est avec confiance que je fais appel, au nom de tous. à votre bienveillante sollicitude.

Cette sollicitude, vous m'en avez donné l'assurance par votre cablogramme du 6 novembre 1925 en termes qui ont ému la population calédonienne ; elle constitue un précieux soutien de nos efforts pour la réalisation de l'œuvre à laquelle vous attachez vous-même un si grand intérêt.

J. GUYON.

Commission chargée d'élaborer un programme de grands travaux et de rechercher les mesures propres à en assurer la réalisation.

(Décision n° 304 du 10 avril 1925.)

RAPPORT DE LA COMMISSION

Le présent rapport a pour objet de rendre compte, à M. le Gouverneur des Travaux de la Commission chargée, par décision du 10 avril 1925 et suivant les directives tracées par le Chef de la Colonie dans sa circulaire de même date, d'élaborer un programme de grands travaux et de rechercher les mesures de tous ordres susceptibles d'en assurer la réalisation.

Avant d'entrer dans les détails du programme qu'elle a arrêté et des mesures d'exécution qu'elle préconise, la Commission croit devoir rappeler brièvement la méthode de travail qu'elle a adoptée et qui lui a permis d'arriver au résultat cherché.

1. — MÉTHODE DE TRAVAIL DE LA COMMISSION.

La Commission a adopté, dans son ensemble, la méthode de travail suggérée dans la lettre circulaire du 10 avril 1925, toutefois estimant que l'établissement d'un programme d'ensemble se trouverait en fait réalisé par la justaposition des programmes partiels élaborés par ses sous-commissions, la Commission n'a pas jugé utile de dresser elle même une liste initiale générale de tous les travaux et mesures de nature à assurer la mise en valeur de la Colonie.

Cela lui a permis de se fractionner immédiatement, dès sa première séance, en huit Sous-Commissions chacune correspondant aux grandes divisions du programme élaboré en 1921 et rappelé dans votre lettre précitée, ou aux catégories de mesures de réalisation de ce dernier.

Il y a eu ainsi une Sous-Commission :

a) pour les Ports et la Navigation ;
b) pour les Voies de Communication ;
c) pour l'Enseignement ;
d) pour l'Hygiène publique et l'assitance médicale ;
e) pour les Bâtiments administratifs ;
f) pour l'étude de la réorganisation municipale ;
g) pour la main-d'œuvre ;
h) pour l'Etude des Voies et Moyens financiers.

Chaque Sous-Commission ci-dessus a été chargée d'élaborer la partie du programme correspondant à sa spécialité, d'estimer les travaux prévus, d'en fixer l'ordre d'urgence avec groupement par tranches d'exécution, enfin de déterminer les mesures propres à assurer cette exécution.

La Commission n'a plus eu alors qu'à examiner, discuter les propositions de ses Sous-Commissions puis à les adopter ou à les modifier suivant les résultats de cet examen ; du rapprochement et de la mise en harmonie de ces propositions est issu le programme exposé dans le présent rapport.

L'importance ou la nature particulière de certaines questions soumises aux Sous-Commissions était telle que deux d'entre elles (ports et navigation, hygiène publique et assistance médicale) ont dû, à leur tour, se fractionner en groupes qui ont fonctionné vis-à-vis des Sous-Commissions dont ils étaient issus, comme ces dernières l'ont fait vis-à-vis de la Commission ; de plus certains groupes se sont fractionnés eux-mêmes en chargeant un ou plusieurs de leurs membres, en raison de leurs compétences spéciales de l'étude de quelques points particuliers.

Commission, Sous-Commissions ou groupes ont, par ailleurs, fonctionné en s'inspirant des indications et des directives contenues dans la lettre circulaire du 10 avril 1925.

II. — Travaux de la Commission.

Dix-neuf séances ont été nécessaires tant à la Commission qu'aux Sous-Commissions ou Groupes pour mener à bonne fin les travaux pour lesquels elle a été constituée, sans compter les nombreuses réunions, hors séances, de quelques-uns de ses membres en vue de l'examen spécial de questions particulières ou délicates à traiter.

Encore convient-il de préciser que deux des Sous Commissions prévues n'ont pour ainsi dire pas fonctionné.

La première d'entre elles, celle de l'étude de la réorganisation municipale, avait pour but de rechercher les moyens propres à assurer à la Municipalité de Nouméa, et par extension à celles de l'Intérieur de la Colonie, une existence plus large au point de vue budgétaire, en raison de l'importance que ces Municipalités sont appelées à prendre du fait de l'exécution du programme de grands travaux. La première réunion de cette sous-Commission a fait ressortir que les mesures à prendre pour atteindre le résultat proposé étaient grosses de conséquences, notamment au point de vue financier, ce qui nécessitait un examen très approfondi des dites mesures et surtout de leurs répercussions sur l'économie municipale, examen exigeant des délais incompatibles avec ceux dans lesquels les résultats des travaux de la Commission devaient normalement parvenir au Département.

La réorganisation Municipale continuera d'ailleurs à être étudiée hors du programme des grands travaux dont elle est en quelque sorte, dans l'ordre administratif, une des conséquences importantes.

Cette étude sera poursuivie par la sous-Commission actuelle, les mesures qu'elle proposera ne sont pas indispensables à l'élaboration et à la réalisation du programme de grands travaux.

La seconde sous Commission n'ayant pas fonctionné est celle de la main-d'œuvre.

Au moment de la constitution de la Commission

les travaux inscrits au programme initial paraissaient devoir nécessiter pour leur exécution un contingent très élevé de main-d'œuvre à introduire dans le pays, ce qui avait fait ressortir l'utilité de la sous-Commission sus-visée ; à son programme de main-d'œuvre particulière à la réalisation des travaux avait été ajouté celui relatif à la main-d'œuvre nécessaire aux besoins miniers industriels et agricoles du pays et qui semblait, à l'époque, passer au second plan.

Mais il résulte des travaux de la Commission qu'un contingent maximum de 600 travailleurs seulement est à envisager pour la réalisation du programme qu'elle a arrêté, chiffre bien inférieur à celui prévu en raison de la suppression, ou plutôt de l'ajournement, de travaux exigeant un nombre élevé de manœuvres (chemin de fer, forme de radoub), chiffre également inférieur à celui des besoins normaux des industries minières, industrielles et agricoles de la Colonie.

Dès lors la question main-d'œuvre d'exécution des grands travaux n'a plus qu'une importance de second ordre pour la régler en tant qu'effectif, il suffira de majorer des quantités suffisantes, le nombre des travailleurs introduits dans la Colonie à chaque convoi de recrutement agricole, industriel ou minier.

Les conditions de recrutement étant les mêmes quel que soit l'emploi des coolies à introduire, la question main-d'œuvre des grands travaux se trouvera à ce point de vue résolue en même temps que celle de la main-d'œuvre correspondant aux autres besoins du pays.

Comme la sous-Commission de réorganisation administrative, celle de la main-d'œuvre continuera à fonctionner hors du programme des grands travaux, les résultats de ses travaux ne sont pas indispensables à connaître pour l'élaboration de ce programme.

Dans ces conditions la Commission a passé outre

et continué ses études en laissant aux deux sous-Commissions précitées le soin de poursuivre celles pour lesquelles elles ont été constituées.

III.— Résultats des travaux de la Commission.

1° *Elaboration du programme.*

A.— *Considérations générales.*— La Commission, par la voie de ses sous-Commissions, a été amenée à dresser, en quelque sorte, l'inventaire des besoins de la Colonie au point de vue économique, c'est-à-dire à établir une liste générale de tous les travaux ou mesures propres à en assurer le développement.

C'est donc surtout l'amélioration et le développement des voies de communication de toute nature et des moyens de manutention et d'échange des produits du pays qui ont retenu l'attention de la Commission, mais il est apparu nécessaire de faire simultanément un gros effort au point de vue de l'hygiène et de l'assistance médicale dans le but d'améliorer l'état sanitaire de la Colonie devenu de plus en plus alarmant.

Il serait, en effet, inutile de la doter des moyens matériels propres à assurer son développement économique si rien n'était fait pour préserver le facteur primordial de ce développement, c'est-à-dire la population tout entière de la Colonie.

L'amélioration de l'hygiène générale du pays a donc pris la seconde place dans l'ordre des préoccupation de la Commission.

Allant plus loin encore dans les mesures d'ordre social, elle a pensé qu'il convenait non seulement de préserver les races locales, mais encore d'en prévoir le développement intellectuel et moral par l'extension des œuvres d'éducation de la jeunesse.

Qu'il se soit agi du point de vue économique ou social (hygiène ou enseignement) la Commission n'a fait aucune distinction entre les différentes races qui peuplent la Colonie ; les travaux qu'elle a inscrits à son programme ou les mesures dont elle préconise l'adoption visent donc tant la population européenne de la Colonie, native du pays ou immigrée, que les races autochtones ou introduites en Nouvelle-Calédonie pour ses besoins économiques.

Par ailleurs, la Commission s'est attachée, au cours de ses travaux, à prévoir en premier lieu la remise en état, puis l'amélioration et l'extension des installations existantes, n'inscrivant ainsi qu'en second, dans l'ordre d'exécution, les travaux neufs, sauf dans les cas où l'urgence des besoins que certains d'entre eux étaient appelés à satisfaire leur a valu la priorité sur les précédentes.

La Commission est ainsi arrivée à dresser l'inventaire complet, à tous points de vue, des besoins de la Colonie.

Dès lors, pour établir le programme qui lui était demandé, elle n'a plus eu qu'à supprimer de cet inventaire tout ce qui, bien qu'utile, n'était pas indispensable à la Colonie eu égard non seulement à sa situation économique actuelle, mais encore à celle qu'elle est appelée à avoir dans un avenir assez éloigné ; tels sont par exemple : la construction d'un bassin de radoub, le prolongement jusqu'à Bourail du chemin de fer, etc ..

Elle a estimé, en effet, qu'avant d'entreprendre de tels travaux, excessivement coûteux, d'un rendement économique lointain et devant conduire à une exploitation certainement déficitaire, il fallait attendre les résultats de ceux qui les priment par l'urgence et par leur caractère de productivité certaine.

En outre, leur incorporation au programme aurait apportée aux prévisions de dépenses une telle majoration qu'il y aurait eu impossibilité financière d'exécution pour l'ensemble du programme.

Telles sont les raisons pour lesquelles la Commission a délibérément écarté de ce dernier tout ce qui constituait sinon une dépense de luxe, tout au moins une dépense dont la nécessité immédiate pour la Colonie ne se faisait pas sentir.

B.— *Travaux prévus.*— Bien qu'il eut paru normal de les grouper suivant les objets auxquels il se rapportent tels qu'exposés au § A précédent (communication, manutention, hygiène, enseignement), la Commission a cru devoir conserver la classification adoptée au programme de 1921, afin de pouvoir mieux suivre les difficultés. Phases de l'élaboration du programme, classification que l'énumétion des sous-Commissions constituées rappelle nettement.

La nomenclature de ces travaux sera présentée au § D, le présent paragraphe n'ayant pour objet que de donner des idées générales ou des précisions sur les travaux prévus, lesquels ont été, dans la mesure du possible, schématisés sur les trois croquis joints au présent rapport, en vue de permettre de suivre les propositions de la Commission.

a).— *Ports et navigation.*— Les travaux prévus visent, d'une part, à l'amélioration et à l'extension du port de Nouméa et des ports de l'intérieur et, d'autre part, à l'amélioration de l'éclairage des voies maritimes fréquentées surtout par les navires longs courriers.

En ce qui concerne le port de Nouméa, les quais actuels étant en mauvais état, dépourvus d'outillage et de hangars ou magasins et de plus étant nettement insuffisants pour permettre de faire face au trafic maritime actuel, il a été urgent et indispensable d'inscrire au programme la remise en état des quais, leur équipement en outillage et docks, puis le développements des dits quais par la constructions de nouveaux postes d'accostage (un appontement et un wharf) munis également de moyens de manutention et de stocktage (terre-pleins et docks).

Pour les ports de l'intérieur (ports non ouverts), il a été nécessaire de prévoir la construction d'un petit appontement avec hangar d'abri en vue de faciliter la manutention des produits reçus ou expédiés par chacun d'eux.

Enfin, l'éclairage des côtes nécessitera la construction de 4 feux et la tranformation de 3 feux existants, travaux demandés d'ailleurs non seulement par les marins fréquentant la Colonie, mais encore par le Comité des Armateurs de France.

Un premier feu (phare de Kié) de premier ordre serait établi sur l'îlot de Kié, au Sud de la Colonie, dans le canal de la Havannah, et servirait à la fois de feu d'atterrage et de feu d'accès dans le Canal sus-visé pour les navires se rendant à Nouméa et venant du Pacifique Nord et Est, et notamment ceux des services contractuels des Messageries Maritimes (ligne Dunkerque-Nouméa par Panama) ou des services annexes des Hébrides de la même Compagnie.

Un second phare (feu de 2e ordre) serait établi à Lifou (cap des Pins), en vue de jalonner la route Nouméa-Hébrides ; les navires qui la fréquentent (ceux des services sus-indiqués notamment) doivent, pour se rendre de Nouméa aux Hébrides et réciproquement, reconnaître l'Ile de Lifou.

Un phare de 3e ordre serait à établir à l'îlot Porc Epic, toujours sur la route des navires sus-visés, en vue de leur permettre, de nuit, l'accès facile du Port de Nouméa.

Enfin, le 4e phare (feu de 2e ordre) serait établi sur l'îlot Contrariété, en vue de permettre l'accès de nuit dans le chenal intérieur que forme avec la terre ferme la barrière de corail qui la longe.

Les 3 feux à transformer sont les feux d'alignement de la Havannah, de l'Ile Nou, (entrée de la passe de Nouméa) et récif Tabou (entrée de la passe de Boulari). Ceux de la Havannah sont insuffisants comme visibilité, en raison de la position du feu supérieur situé au sommet d'une colline, souvent enveloppée de brume ; placé plus bas, cet inconvénient disparaîtrait. Les feux de l'Ile Nou ne sont de même pas toujours visibles, de plus leur situation en territoire pénitentiaire entraîne des complications dans le service desdits phares, la transformation de ces feux, (changement de position du feu supérieur, modification de système d'éclairage) remédiera à ces inconvénients. Enfin, la transformation du feu du récif Tabou est commandée par des raisons humanitaires ; édifié sur un récif isolé n'émergeant pas à marée basse, il se compose d'une tour en maçonnerie, flanquée d'un tillac de faible étendue, sur lequel est construite l'habitation des 2 gardiens indispensables au service du dit feu ; à marée haute, avec un peu de clapotis, fréquent en ce point, ou par mauvais temps en toute marée, les gardiens doivent se confiner dans l'étroit abri que leur offre la tour ; de plus, le récif étant d'accès très difficile, il arrive que le ravitaillement du feu (gardiens et lampe) est parfois impossible et en tous cas toujours dangereux. La transformation en feu automatique du feu à pétrole actuel supprimera ces difficultés.

b) — *Voies de communication.* — Les travaux prévus intéressent surtout les routes.

En premier lieu figure la poursuite des travaux de construction de la route coloniale N° 1, artère principale de la Colonie, jusque dans le Nord, ce qui permettra d'achever la liaison entre le Chef-lieu de la Colonie et tous les centres de la Côte Ouest ; puis, avec quelques travaux d'amélioration sur la partie de route existante, il est envisagé notamment la substitution d'ouvrages d'art définitifs à des ouvrages provisoires qui ne répondent plus aux nécessités de la circulation.

En second lieu, se branchant sur cette artère principale, viennent les routes transversales destinées non seulement à relier les centres principaux de la Côte Est à cette dernière et conséquemment au Chef-lieu, mais encore et surtout à servir de voie de pénétration et d'accès aux têtes de vallées riches en terres cultivables, qui pourraient être ouvertes à la colonisation et rapporter des produits utiles sinon indispensables à la métropole café, coton, etc.

Au nombre de cinq, ces routes seraient créées en 2 stades : d'abord, tronçons de pénétration de chaque centre côtier au fond des vallées correspondantes, en ménageant la possibilité, de chaque côté, de franchir le massif montagneux central, puis tronçon de jonction des 2 précédents.

Les routes envisagées sont :

La Coulée-Yaté, Bouloupari-Thio, La Foa-Canala Bourail-Houaïlou, et Koné-Amoa.

Enfin, complétant le dispositif appontement, hangar indiqué pour les ports de l'intérieur au § précédent, il a été prévu la création de chemin d'accès des centres à la mer.

Presque tous les centres de la Colonie étant éloignés de la côte, il a paru indispensable, pour assurer l'évacuation facile et rapide des produits agricoles, de relier par une route carrossable chaque centre au point d'embarquement ; à vrai dire, ces routes existent presque partout dans la Colonie et suffisent aux besoins qu'elles sont appelées à satisfaire ; mais il convient de les développer en les faisant rayonner de chacun des centres envisagés aux lieux de production qui en dépendent.

En ce qui concerne les communications téléphoniques et télégraphiques, les améliorations à y apporter consistent à remplacer au bureau central le matériel existant par un matériel moderne ; puis à doubler certaines lignes trop chargées, à créer des nouveaux réseaux indispensables ; enfin, à placer le long des routes, existantes, ou à créer, tous les réseaux actuels, afin d'en faciliter la surveillance et l'entretien.

Enfin, le matériel roulant (wagons, plateformes,) dont dispose l'exploitation du Chemin de Fer étant insuffisant pour assurer le trafic normal, la Commission a prévu à son programme l'achat du matériel complémentaire.

c) *Enseignement.* — Le programme de travaux intéressant l'enseignement tend surtout à l'amélioration de la fréquentation scolaire, tant pour la jeunesse européenne que pour la jeunesse indigène. Actuellement, l'école primaire existe dans chaque centre, mais la dissémination de la population est telle que beaucoup d'enfants ne peuvent aller en classe, leur domicile étant très éloigné de cette dernière.

La création de 3 internats (2 côte Est, 1 côte Ouest) en des centres permettant une concentration facile d'élèves de la région, ainsi que l'ouverture de cantines scolaires dans chaque école, permettra une meilleure fréquentation scolaire.

L'enseignement primaire nécessite le développement et l'aménagement d'écoles (Vallée des Colons) pour les européens et pour les indigènes.

L'enseignement secondaire ne nécessite que des travaux d'aménagement au Collége actuel (caserne d'artillerie) réalisables toutefois si la cession de ce bâtiment militaire peut être obtenue dans des conditions avantageuses.

Pour l'enseignement professionnel, il a été envisagé la création de bourses d'apprentissage, en vue d'inciter les jeunes gens, surtout de l'école professionnelle, à persévérer dans la pratique du métier qu'ils ont appris ; lors de leur sortie de l'école, munis du certificat d'études professionnelles et en raison des salaires qui leur sont offerts, ces jeunes gens vont de préférence dans le commerce, perdant ainsi le fruit de plusieurs années d'études. Au moyen des bourses d'apprentissage, les intéressés pourront continuer à se perfectionner dans leur métier, en allant dans l'industrie : la bourse qui leur sera allouée viendra faire l'appoint des salaires peu élevés qui leur sont offerts au début, en raison de leur inexpérience.

Pour les indigènes, il est prévu l'aménagement à Montravel où est actuellement organisée une école de Moniteurs indigènes, d'une école professionnelle en vue d'orienter les naturels du pays vers les métiers manuels, sans nuire pour cela au recrutement en moniteurs.

Un décret du 7 Juillet dernier à prescrit la vente aux enchères publiques des immeubles de Montravel appartenant à l'Administration Pénitentiaire. M. le Gouverneur à néanmoins fait appel à la sollicitude de M. le Ministre des Colonies pour que cette prescription fut annulée et que les immeubles en question pussent être cédés à la Colonie, sinon à titre gratuit du moins au prix très modeste du Cahier des charges — 15.000 frs payables en 7 annuités.

Le Ministre par un acte d'exceptionnelle bienveillance a bien voulu accéder à cette demande par câble du 8 octobre dernier.

Enfin, au programme de l'enseignement a été rattachée l'étude des richesses naturelles du pays ; il ne s'agit pas ici de constituer une mission de savants devant se livrer à une telle étude, mais de subventionner certains spécialistes, locaux ou métropolitains, désireux d'étudier telle partie des richesses naturelles de la Colonie, de la flore ou de la faune locales, correspondant à leur compétence, et susceptible d'exploitation commerciale. Moyennant cette subvention, l'intéressé devra obligatoirement abandonner à la Colonie les résultats de ses recherches et études ; il a été notamment envisagé l'étude des coquillages à nacre (trocas) à perle (huîtres perlières) celle de certaines substances minérales (pétrole) ou produits agricoles...etc.... qui sont peu ou mal connus et par conséquent pas ou mal exploités, au grand détriment non seulement de la Colonie, mais aussi de la Métropole à laquelle il importe de s'approvisionner, en matière première, dans ses propres Colonies.

d) *Hygiène publique et assistance médicale.* —

L'hygiène publique du Chef-lieu et, partant, de la Colonie tout entière est dominée par la question d'alimentation, par celle de l'évacuation des eaux vannes, des matières fécales et ordures ménagères, enfin par l'assainissement méthodique de certains quartiers de la Ville où les épidémies (peste, typhoïde, dyssenterie) trouvent des foyers d'actions particulièrement intenses, tant en raison de la densité et de la diversité de la population qui y habite, que du fait de la nature des constructions ou de la situation des lieux.

La première question sera solutionnée par la réfection partielle de la conduite d'eau, tant d'amenée que de distribution urbaine, ce qui permettra d'assurer la continuité de la fourniture d'eau indispensable au fonctionnement des égouts dont il va être question.

Actuellement, les eaux vannes sont évacuées directement à la mer après des parcours plus ou moins longs dans les caniveaux des rues urbaines ; les matières fécales sont évacuées de nuit au moyen de récipients non fermés, transportés par des véhicules dont certains, suivant les quartiers à desservir, doivent traverser toute la ville en y répandant une partie de leur chargement.

A ces procédés rudimentaires et dangeureux pour la santé publique, il sera remédié par la construction d'égoute du système unitaire qui recueilleront les eaux vannes et les matières des lieux d'aisances.

Les ordures ménagères sont transportées, de jour en vrac, dans les tombereaux ouverts et peu étanches, comme pour les matières fécales, le répandage des détritus sur des chaussées urbaines est abondant. Il n'est pas possible de modifier le procédé d'enlèvement, mais il peut être amélioré par l'emploi d'un véhicule rapide et surtout hermétique.

A l'hygiène urbaine se rattachent également d'autres mesures que la santé publique exige, il convient de citer la réfection des abattoirs municipaux, l'organisation d'un service d'arrosage et de balayage des rues et places, d'un local de désinfection, la création d'un bureau municipal d'hygiène.

L'assainissement méthodique de certains quartiers nécessite la démolition de logements, le remblaiement des terrains situés en contre-bas des chaussées, ainsi que le remblaiement des terrains situés en bordure de la baie de la Moselle : ce dernier travail permettrait, en outre, de transformer une partie de cette baie, par la création de quais appropriés, en port de pêche et en port pour petits caboteurs.

Comme contre partie de la destruction des logements insalubres, il convient de prévoir, d'une part, la construction d'habitations à bon marché et, d'autre part, la création de quartiers indigènes. Les premières serviraient à loger la population de race blanche expulsée des logements à démolir ; les quartiers indigènes, conçus pour le même but, mais pour la population autochtone ou asiatique (javanais, tonkinois, etc..) permettraient, en outre, une plus facile surveillance au point de vue police et surtout hygiène de races dont la présence, au milieu d'éléments européens, constitue, pour ces derniers, un redoutable danger en temps d'épidémies.

Au titre de l'hygiène publique, enfin, se rattachent l'adduction d'eau à la presqu'îles Ducos, en vue de pourvoir en eau potable les isolés du Sanatorium qui y est installé (Léproserie européenne), puis les travaux d'adduction d'eau à exécuter dans certains centres de l'intérieur en vue de les doter d'eau potable (notamment amélioration des conduites à ciel ouvert existantes).

L'assistance médicale comporte la remise en état et l'amélioration de l'hôpital colonial de Nouméa, la création de dispensaires, d'un asile central de vieillards et d'indigents, et enfin l'amélioration du service médical de léproseries indigènes.

L'Hôpital Colonial doit, en 1926, être transformé en hôpital local, en application des prescriptions d'une récente décision ministérielle ; outre, des travaux importants de remise en état des bâtiments et des annexes de l'hôpital (canalisations d'eau, de gaz, chaussées), il y aura lieu de procéder à de nombreuses améliorations destinées à faire de l'hôpital local un établissement moderne doté des derniers perfectionnements, au point de vue chirurgie, prophylaxie et hygiéne, établissement susceptible, en un mot, de rendre à la Colonisation. tant Calédonienne qu'Hébridaise, tous les services correspondant à ses besoins essentiels et aux nécessités de son expansion.

Parmi ces améliorations, il est prévu notamment la création d'une salle d'opération dotée d'appareils (entre autres de radio-copie qui n'existent pas actuellement) et de l'outillage indispensable pour permettre aux médecins d'effectuer toutes opérations chirugicales, dans les meilleures conditions possibles à tous les points de vue ; également la création d'une école d'infirmières, la construction d'un pavillon pour loger le personnel féminin, d'une salle de visite au laboratoire d'analyse (prophylaxie de la lèpre) ; modification des revêtements des murs des chambres de malades, perfectionnement du service de distribution, de l'alimentation, etc..

La création des dispensaires aurait pour but de doter chaque résidence de médecin de colonisation d'un local, lui permettant d'effectuer, sur place, des interventions chirurgicales impossibles à tenter actuellement faute de bâtiment aménagé a cette fin.

Chacun d'eux comporterait une salle de consultation avec pharmarcie, une salle de pansement et d'opérations, et une chambre pour 2 ou 3 malades avec installations annexes (cuisines, W. C. adduction d'eau etc..)

Six dispensaires sont envisagés aux centres ci-après : La Foa, Kaala-Gomen, (Côte Ouest) puis Canala, Ponérihouen, Hienghène et Ouégoa sur la côte Est. (à noter que Bourail, Koné, Thio et Wé à Lifou sont dotés de dispensaires).

La création d'un asile de vieillards d'indigents et d'aliénés. aurait pour but de concentrer en un seul lieu les individus qui, en raison de leur âge ou de leurs infirmités, sont incapables de subvenir à leurs besoins, et sont, en conséquence, à la charge du budget, soit de la Colonie, soit des Munipalités. Actuellement, ces individus sont hospitalisés soit à l'hopital Colonial, soit au Dépot des Indigènes, selon leur condition sociale; leur nombre sans cesse croissant n'est pas sans causer une certaine gêne, notamment dans ce dernier établissement, du fait de l'introduction de plus en plus fréquente de main-d'œuvre indo-chinoise ou javanaise.

La nécessité d'un asile se fait donc vivement sentir et son urgence conduit à rechercher les possibilités d'utiliser à cette fin des bâtiments existants.

Une visite récente, effectuée par les autorités de la Colonie accompagnées par des représentants des assemblées locales et des médecins des différents services médicaux et hospitaliers de la Colonie, a fait ressortir que l'hôpital du Marais à l'Ile Nou, présentait toutes les conditions requises pour l'installation projetée ; il serait, en outre, possible de profiter de locaux existants, spécialement aménagés pour aliénés, pour y concentrer ceux internés à l'Hôpital Colonial.

La cession à la Colonie de l'Hôpital du Marais à l'Ile Nou a été l'objet de la même démarche que celle rappelée précédemment, pour les immeubles de Montravel, et a eu la même suite au prix de 60.000 frs.

L'amélioration du Service médical des léproseries indigènes ne vise qu'à doter le médecin, qui en est chargé, d'un moyen de transport rapide et pratique, lui permettant d'assurer la visite et la surveillance des dites léproseries.

De grosses difficultés, tenant aux conditions de répartition de la population indigène et à ses coutumes qu'il convient de ne pas violenter, n'ont pas permis, comme pour les Européens, de procéder à l'aménagement d'une léproserie centrale ; le système des léproseries partielles subsiste donc pour les indigènes ; ils y vivent isolés, mais en raison du nombre de ces installations, de leur dissémination dase la Colonie et ses dépendances, et surtout du manque de communications faciles, les malades ne peuvent pas être visités et soignés comme le nécessiterait leur état. Une chaloupe de haute mer permettrait de remédier à ces inconvénients. De plus, il serait possible au cours des tournées médicales, et pendant l'immobilisation du médecin en un point déterminé, de se servir de la chaloupe, autour de ce point pour la police de la pêche, la visite du balisage, etc.

e. — *Bâtiments administratifs.* — A ce titre, dans le programme établi par la Commission figurent la construction d'un hôtel des postes et de 6 postes de téléphonie sans fil.

L'Hôtel des postes actuel, dont la construction remonte à plus de 50 ans, est un bâtiment en bois délabré, malgré les travaux confortatifs qui y sont exécutés périodiquement ; il est, de plus, malsain et sans aucune commodité pour le public ou le personnel.

En outre, il ne présente aucun caractère architectural et n'est susceptible, ni d'aménagement, ni de transformation pouvant en modifier heureusement l'aspect ; d'ailleurs, son éloignement du centre des affaires exige son déplacement.

Pour toutes ces raisons, la construction d'un nouvel hôtel des postes s'impose.

Outre, les dispositions particulières à réaliser en raison de sa destination, le nouvel immeuble devra présenter un certain caractère architectural, appelé à impressionner favorablement les touristes ; c'est, en effet, le premier, sinon le seul, monument public vers lequel se rendent les visiteurs de passage.

Un immeuble susceptible de remplir, moyennant des aménagements et des travaux confortatifs, les conditions ci-dessus, existe d'ailleurs à Nouméa ; c'est l'Intendance Militaire, spacieuse et solide construction peu utilisée, en raison de l'effectif militaire local réduit à l'extrême.

Sa cession à la Colonie lui permettrait de réaliser un hôtel des postes convenable.

La création des postes de téléphonie sans fil aurait pour but de relier au Chef-lieu toute une population très intéressante, à tous points de vue, et quelque peu délaissée, faute de communications rapides et régulières, il s'agit de celles des Iles Loyalty.

Le projet prévoit , l'installation d'un poste téléphonique à Nouméa, auquel correspondrait un poste semblable à Lifou, ce dernier servant de relai à deux petits postes, installés aux deux îles voisines (Maré et Ouvéa).

Le tout serait complété par un poste à installer au phare de Kié, à construire, afin de signaler rapide l'arrivée des navires longs courriers du service à subventionner des Messageries Maritimes, et surtout de demander au Port de Nouméa les secours rapides, nécessaires aux navires qui pourraient être en détresse dans cette région de la Colonie, particulièrement dangeureuse pour la navigation.

Enfin, un petit poste serait installé au phare existant de l'îlot Amédée où vivent isolés, sans moyens de communications rapides avec la terre ferme, les gardiens et les pilotes du port ; en outre, ces postes, comme pour Kié, serviraient à la demande de secours rapides, pour les nombreux bâteaux de pêche qui croisent dans ces parages, également dangereux pour de petits navires, ainsi qu'en témoignent les nombreux naufrages qui s'y sont produits.

Tels sont, sommairement exposés, les travaux que la Commission a cru devoir inscrire au programme, comme susceptibles d'assurer la mise en valeur de la Colonie, au point de vue économique et social.

Outre les schémas joints au présent rapport, indiquant l'emplacement des travaux et, dans la mesure du possible, leur importance, la Commission croit devoir joindre, non seulement les procès-verbaux de ses séances, mais encore ceux des sous-commissions, ainsi que les notes ou rapports, qu'elles ont préparés, afin que le dossier, que constitue la réunion de ces différentes pièces, permette une documentation complète sur le programme présenté par la Commission.

C. — *Estimation du programme.* — Le très faible

effectif du personnel technique, en service dans la Colonie, n'a pas permis, de dresser des avants-projets, même sommaires des différents travaux prévus au programme.

D'ailleurs, les devis qu'ils auraient contenus auraient été tout à fait inopérants pour destravaux qui doivent s'échelonner sur une période de 20 ans, leur estimation, sur des bases rigoureuses, ne peut être fait qu'au fur et à mesure de leur mise à exécution.

A noter, en outre, que seuls les travaux du port de Nouméa, de construction d'égouts et d'adduction d'eau à Nouméa exigeront, par le mode d'exécution qui en est prévu (entreprise à l'adjudication) du fait de leur complixité technique, l'établissement de toutes les pièces prévues dans les marchés de travaux publics.

La Commission s'est bornée pour chiffrer ce dernier, à faire des estimations approximatives, tant en quantités qu'en espèces.

Elle a pu arriver à des chiffres qui sont, sinon exacts, mais correspondants néanmoins à la réalité, en se basant sur les prix de revient des différentes matières de travaux actuellement en cours d'exécution dans la Colonie ou dans les pays étrangers immédiatement voisins.

De plus, la Commission n'a pas perdu de vue que le programme, qu'elle a élaboré, s'étend sur une période de vingt ans, au cours de laquelle les prix de main-d'œuvre, des matériaux, iront vraisemblablement en croissant, aussi bien que le matériel et les matériaux nécessaires à la réalisation du programme proviendront, en grande partie, des prestations et seront, conséquemment, cédés à des prix inférieurs aux cours pratiqués actuellement dans le commerce, la Commission n'a pas hésité à majorer fortement, sinon à doubler, les prix de revient qui lui ont été indiqués.

Appliqués à des quantités d'ouvrages métrées sommairement, mais largement, ces prix ont permis d'arriver aux chiffres qui vont être donnés ci après.

Du fait des estimations très larges, tant en quantités qu'en valeurs des travaux du programme, la somme de 56.775.000 francs, indiquée pour leur montant doit être considérée comme un maximum.

Il était indispensable, d'ailleurs, de fixer ce maximum, afin de pouvoir déterminer l'effort financier correspondant et voir si cet effort était compatible avec les ressources de la Colonie.

Il n'est pas superflu de préciser, ici, ce qui sera d'ailleurs plus longuement exposé aux mesures de réalisation, que tous les travaux inscrits au programme feront l'objet de projet d'exécution, dont les études, tout au moins pour les travaux importants, sont dotées au programme d'une somme spécialement prévue à cet effet.

Ces projets seront à dresser dès 1926, afin de fixer exactement le coût des travaux prévus et d'arrêter définitivement, et en détail, la question des voies et moyens financiers d'exécution.

Quelles que soient les augmentations qui pourraient résulter de celles des cours de la main-d'œuvre et des matériaux, lors de la réduction des projets définitifs, il est à présumer que l'effort financier à demander à la Colonie pour sa réalisation ne sera pas dépassé.

Telles sont les bases et les considérations qui ont servi à la Commission pour arriver à l'estimation ci-après du programme de travaux qu'elle a arrêté, estimation donnée en suivant la classification et l'ordre adoptés au § B précédent et qui sera détaillée au paragraphe D suivant.

a) — *Ports et Navigation*

Amélioration du Port de Nouméa

Travaux préparatoires
        et divers :

Etudes et sondages...	1.032.500
Dragages............	287.000

Divers..............	136.500	
Personnel, m.-d'œuvre	903.000	
Matériel............	1.678.000	
	4.037.000	
Développement des quais terre-pleins :		
Appontement de 150 m.	2.239.500	
Wharf de 150 mètres	6.774.500	
Création de terre-pleins	3.666.000	
	12.680.000	
Outillage du Port :		
Ancien quai.........	1.572.500	
Appontement........	2.556.000	
Wharf..............	1.554.500	
	5.683.000	
Cale de Halage :	1.600.000	
Total p. l'amélioration du Port de Nouméa.		24.000.000
Appontements et magasins aux escales..	1.000.000	
Eclairage des Côtes...	1.200.000	
		2.000.000
Total pour les ports et la navigation......		26.200.000

B) — *Voies de Communication*

Route Coloniale N° 1 :		
(Prolongement.....	2 000.000	
(Amélioration......	2 000.000	
	4.000.000	
Création de Rtes transversales.........	7.400.000	
Création de chemins d'accès des centres à la mer...........	500.000	
A reporter:	11.900.000	
		26.200.000

Report.....	11.900.000	26.200.000

Amélioration des réseaux télégraphiques et téléphoniques....	1.000.000	
Achat de matériel roulant pour l'Exploitation du Chemin de Fer	100.000	
Total pour les voies de communication		13.000.000

C) — *Enseignement*

Création de trois internats....	400.000	
Création de cantines scolaires	20.000	
	420.000	
Aménagement d'écoles		
Européens :		
primaires	50.000	
secondaires..	50.000	
Indigènes :		
primaires	50.000	
professionnelles	50.000	
	200.000	
Création de bourses d'apprentissage.....	60.000	
Etudes des richesses naturelles de la Colonie	300.000	
	360.000	
Total pour l'enseignement		980.000

D) — *Hygiène publique et assistance médicale*

Amélioration de la conduite d'eau urbaine.	1.250.000	
A reporter :	1.250.000	
		40.180.000

Report.....	1.250 000	40.180.000
Construction d'égouts.	3.000.000	
Hygiène urbaine	850.600	
Remblaiement de la baie de la Moselle..	3.200.000	
Remblaiement des bas quartiers.........	1.000.000	
Création de quartiers indigènes	1.895.000	
Construction d'habitations à bon marché	700.000	
Adduction d'eau à la Presqu'île Ducos...	120.000	
Adduction d'eau dans l'intérieur...	300.00	
Total pour l'hygiène publique.........	12.245.000	
Transformation de l'hôpital de Nouméa :		
(Remise en état....	400.000	
(Améliorations.....	1.800.000	
	2.200.000	
Création de dispensaires	300.000	
Remise en état de l'hôpital du Marais......	125.000	
Léproseries indigènes.	125.000	
Total pour l'assistance médicale.........	2.750.000	
Total pour l'hygiène publique et l'assistance médicale.........		14.995.000
E) — *Bâtiments administratifs*		
Construction d'un hôtel des Postes......	1.000.000	
Construction de 6 postes de téléphonie sans fil	800.000	
Total pour bâtiments administratifs......		1.600.000
Total Général......		56.775.000

D. — *Répartition du programme par tranches d'exécution.*

La répartition du programme ci-dessus en tranches d'exécution se suffisant à elles-mêmes, c'est-à-dire ne comportant que des travaux tels que leur exécution soit entièrement terminée à l'expiration de la période considérée ou que la partie achevée soit, à la même époque, utilisable, n'a pas été la tâche la moins difficile de la Commission.

Il résulte, en effet, de l'inventaire dressé pour l'établissement du programme ci-dessus que tout ce qui touche de près ou de loin à la mise en valeur de la Colonie est à améliorer ou à créer ; aussi, pour donner à cette dernière, l'impulsion, l'élan, nécessaire à un développement rapide, il eût fallu inscrire, en une tranche unique et de courte durée, l'ensemble des travaux prévus à cette fin.

Des considérations diverses, mais surtout financières, se sont toutefois opposées à une exécution aussi rapide, les charges à imposer à la Colonie auraient été, en effet, hors de proportion avec ses ressources.

Le programme a donc été scindé en tranches, telles que leur réalisation technique et financière, soit possible et leur rendement immédiat et certain tant au point de vue économique et social qu'au point de vue des ressources budgétaires à tirer des ouvrages réalisés.

L'ensemble du programme embrasse une période d'exécution de 20 ans déterminée et par les délais de construction des ouvrages et par les possibilités financières de la Colonie ; la nécessité de l'outiller rapidement a exigé l'inscription dans les premières années de la période sus-fixée de la majeure partie des travaux prévus, tout en restant dans la limite de ces possibilités.

Le fractionnement par tranches a été basé sur ces considérations et en tenant compte des désiderata formulés par le Département ; c'est ainsi que la première tranche a été fixée à 3 ans, et l'ensemble, des

trois premières à 15 ans, en application des prescriptions coûteuses de la dépêche ministérielle
communiquée à la Commission ; la période de 12 ans
formant les seconde et troisième tranches a été
répartie également entre chacune d'elles, tant en
raison des délais d'exécution prévue par les travaux
de la 2ᵉ tranche (six ans), que dans le but de répar-
tir à peu près également les charges résultant du
remboursement du matériel de prestations.

Enfin une quatrième tranche a été prévue sur une
durée de cinq ans, elle comprend de l'outillage et
des aménagements spéciaux pour le port (parc à
charbon) qui seront à réaliser suivant le développement pris par ce dernier et les besoins qui en
seront la conséquence. Bien que ces travaux soient
éventuels, ils ont été incorporés dans les estimations
générales, afin de déterminer l'effort financier maximum à consentir, leur non exécution viendrait
atténuer cet effort.

La Commission est ainsi arrivée aux résultats
suivants :

1ᵉʳ tranche 3 ans (1926 à 1929)...	22.100.000
2ᵉ tranche 6 ans (1929 à 1935)...	22.903.500
3ᵉ tranche 6 ans (1935 à 1941)...	9.739.000
4ᵉ tranche 5 ans (1941 à 1946)...	2.132.500
(éventuelle)	
Totaux.... 20 ans.......	56.775.000

Avant d'entrer dans le détail des travaux et des
sommes qui leur correspondent entrant dans chacune
de tranches ci-dessus indiquées, il paraît indispensable de faire une remarque sur l'importance des
deux premières, importance dont la raison a été
donnée précédemment (nécessité de doter rapidement la Colonie de l'outillage nécessaire, à son développement économique) et dont les résultats à en
attendre, au point de vue budgétaire, seront exposés au chapitre relatif à la combinaison financière.

Ces deux tranches sont respectivement d'environ
22 et 23 millions chiffres qui paraissent excessifs eu

égard à la durée d'exécution prévue, surtout pour la première tranche, mais il est à noter que ses sommes comprennent la majeure partie, sinon la totalité du matériel et des matériaux de prestations nécessaires à la réalisation de l'ensemble du programme et dont la fourniture, aux termes des dépêches ministérielles, n'est remboursable à l'Etat qu'à partir de la 6e année, à compter de l'ouverture des travaux.

Des deux sommes sus-indiquées, il convient donc, pour rester dans la réalité, pour déterminer l'effort financier correspondant aux tranches auxquelles elles s'appliquent, de retrancher la valeur de ces matériaux et matériel, ce qui en réduit l'importance de moitié.

Dès lors, si, à priori, les dépenses prévues pour les deux premières tranches paraissent exagérées, elles se trouvent, par le jeu du paiement des prestations, ramenées à des chiffres normaux, eu égard à la nécessité déjà signalée de donner de l'impulsion au développement de la Colonie par un vigoureux effort initial.

Les quatre tranches indiquées comportant l'exécution des travaux suivants :

1re tranche 1926-1929

A) — *Ports et Navigation.*

Amélioration du Port de Nouméa.

*Travaux préparatoires
et divers :*

Etudes et sondages....	1.032.500
Dragages........	287.000
Divers	106.500
Personnel, m.-d'œuvre.	260.000
Matériel de chantiers..	1.678.000
	3.365.000
A reporter.....	3.365.000

Report		3.365.000
Développement des quais terre-pleins ;		
Appontement de 150 m.	2.239.500	
Wharf de 150m. X 60m.	»	
Terre-pleins appontemt	1.281.500	
Ouvrages d'art.......	50.000	
Eclairage...........	167.000	
Adduction d'eau....	210.000	
Voirie	15.000	
		3.963.000
Outillage du Port :		
Ancien quai grues accessoires et divers.....	698.500	
Docks et hangars.....	488.500	
Clôture.............	106.500	
	1.293.500	
Appontement-grues et accessoires	253.500	
	1.547.000	
Cale de halage ;	1.600.000	
		3.147.000
Total pour le Port de Nouméa..........		10.475.000
Appontements et magasins aux escales :		1.000.000
Navigation :		
Phare de Kié........	500.000	
Phare du Cap des Pins.	250.000	
Feu du Porc Epic.....	50.000	
		800.000
Total pour les Ports et la Navigation.......		12.275.000
B) — *Voies de communication.*		
Prolongement de la route Coloniale n° 1	2.000.000	
à reporter......		12.275.000

Report.....	2.000.000	12 275.000
Chemins d'accès des centres à la mer	500.000	
	2.500.000	
Achat de matériel roulant pour le Chemin de fer............	100.000	
Amélioration des réseaux téléphoniques et télégraphiques...	1.000.000	
Total pour les voies de Communication		3.600.000
C) — *Enseignement* :		
Aménagement au Collège Colonial........	50.000	
Etudes des richesses naturelles de la Colonie	300.000	
Bourses d'apprentissage	60.000	
Création de deux internats	200.000	
Création de cantines scolaires	20.000	
Total p. l'Enseignement		630.000
D) — *Hygiène publique et assistance médicale*		
Adduction d'eau à Ducos	120.000	
Création de quartiers indigènes..........	1.825.000	
Hygiène urbaine......	850.000	
Amélioration de la conduite d'eau urbaine	1.250.000	
		4.045.000
Remise en état de l'Hôpital Colonial........	400.000	
Remise en état de l'Hôpital du Marais.......	125.000	
Léproseries indigènes.	125.000	
Création de dispensaires	300.000	
		950.000
à reporter.....		21.500.000

		Report.....	21.500 000

C) — *Bâtiments adminis-
tratifs* ....
Construction de 6 pos-
tes de téléphonie sans
fil............... 600.000

Total de la première
tranche........... 22.100.000

2ᵉ tranche (1929-1935)

A) — *Ports et Navigation.*

Amélioration du Ports de Nouméa.

Travaux préparatoires et divers — Personnel		265.000
Développement des quais terres-pleins........		
Appontement........	»	
Wharf de 150m. X 60m. partie Est.........	4.554.500	
Terre pleins wharf....	1.375.000	
Ouvrages d'art.......	25.000	
Eclairage...........	166.000	
Adduction d'eau......	217.000	
Voirie	102.000	
		6.439 500
Outillage du Port :		
Ancien quai-grues et accessoires	140.000	
Hangars..	139 000	
	279.000	
Appontement — grues et accessoires......	180.000	
Wharf - grues et accessoires............	355.500	
Docks et hangars.....	318.000	
Clôture	20.000	
		1.152.500
A reporter.....		**6.704.500**

Report.. ..	1.152.500	6.704.500
Route d'accès	81.500	
Feu de Port.........	15.000	
	1.249.000	
Cale de halage..... .		»
Total pour le port de Nouméa.....		7.953.500

Navigation :

Amélioration des feux :		
Du canal de la Havannah	120.000	
De l'Ile Nou.	80.000	
Du Tabou	60.000	
Construction d'un feu sur l'îlot Contrariété.	140.000	
	400.000	400.000
Total pour les ports et la navigation......		8.353.500

B. — Voies de Communication

Création des routes transversales :		
De la Coulée à Yaté .	2.000.000	
Bouloupari à Thio....	1.000.000	
La Foa à Canala......	1.000.000	
Bourail-Houaïlou	1.400.000	
Koné Amoa	2.400 000	
Total pour les voies de Communication		7.400.000

C — Enseignement

Création d'un internat (Côte Est)........	200.000	
Aménagement de Montravel école professionnelle indigènes .	50.000	
	250.000	
à reporter.....		15.753 500

Report.....	250.000	15 753.500
Dédoublement de l'école de la Vallée des Colons...........	50.000	
Ecoles indigènes.......	50.000	
Total pour l'enseignement............		350.000

D — *Hygiène publique et assistance médicale*

Construction d'égouts à Nouméa............	3.000.000	
Adduction d'eau dans les centres de l'intérieur............	300.000	
Construction d'habitations à bon marché.	700.000	
	4.000.000	
Améliorations de l'Hôpital de Nouméa....	1.800.000	
Total pour l'hygiène publique et l'assistance médicale.....		5.800.000

E.— *Bâtiments administratifs*

Construction d'un hôtel des postes à Nouméa		1.000.000
Total de la 2e tranche.		22.903.500

3e tranche 1935—1941

A *Ports et Navigation*

Amélioration du Port de Nouméa Travaux préparatoires et divers— personnel		377.000
A reporter.....		377.000

Report. . . .		377.000
Développement des quais terre-pleins :		
Appontement		»
Wharf de 150 m × 60 m (achèvement)	2.220.000	
Terre-pleins (wharf) . .	20.000	
Voierie	37.000	
		2.277.500
Outillage du Port :		
Appontement — voies ferrées		
Wharf - grues et accessoires	120.000 355.500	
Docks	318.000	
Voies ferrées	91.000	
		884.500
Cale de Halage		»
Total pour le Port de Nouméa		3.539.000
Navigation :		»
Total pour les ports et la Navigation		3.539.000
B.— *Voies de Communication*		
Amélioration de la Rte Coloniale N° 1 entre Nouméa et Bouraïl.		2.000.000
C.— *Enseignement*		
d) Hygiène publique et assistance médicale.		»
Remblaiement des bas quartiers de la Ville,	1.000.000	
Remblaiement de la baie de la Moselle . . .	3.200.000	
Total pour l'hygiène publique et l'assistance médicale		4 200.000
D.— *Bâtiments administratifs*		»
Total de la 3e tranche.		9.739.000

4ᵉ tranche (éventuelle) 1941-1946

A.— *Ports et Navigation*

Amélioration du Port de Nouméa »

Travaux péparatoires et divers. — Installation du Service de vérification de la Douane dans un des docks du wharf 30.000

Outillage du Port :

Appontement :

Aménagement de 3 parcs à charbon..........	482.500	
Installation d'un transbordeur à charbon...	1.380.000	
Comblement de la darse à l'enracinement de l'appontement ou construction d'un dock...	140.000	2.032.500
b)c)d)e		»
Total de la 4e tranche..		2.032.500

2° — *Mesures de réalisation*

A.— *Considérations générales.*— Ainsi qu'il a été exposé au début du présent rapport, l'étude des mesures de réalisation a été effectuée de la même façon que l'élaboration du programme, c'est-à-dire par les soins des sous-commissions issues du fonctionnement de la Commission.

Le rapprochement et la mise en harmonie des mesures, proposées par les diverses sous-Commissions, ont permis à la Commission de déterminer les voies et les moyens d'exécution du programme qu'elle a élaboré.

Ces voies et moyens sont d'ordre technique matériel, financier et administratif.

Les propositions de la Commission, dans chacune cdees catégories, n'ont pu être évidemment forlmuées que dans leurs généralités, sans qu'ils soit dossible d'examiner les détails, les modalités d'application ; une étude aussi approfondie eût demandé, en effet, un temps considérable et aurait exigé au préalable que la Commission se trouvât en face de réalités et non de probabilités.

Lorsque le programme définitif sera fixé, que les projets seront dressés et leur coût exact déterminé, il sera possible, à ce moment, d'arrêter définitivement certaines mesures que la Commission n'a pu qu'examiner sommairement.

Dans l'ordre financier, par exemple, elle a élaboré. dans son ensemble, une combinaison, basée sur les indications données dans les dépêches Ministérielles, pour ce qui concerne la nature des ressources et sur le chiffre de 56.775.000 des estimations du programme pour l'importance de ces ressources ; mais, cette combinaison n'a pu et ne peut, actuellement, tenir compte de certaines modalités dont la détermination exacte ne peut être faite qu'au moment de l'exécution des travaux.

Dans l'ordre administratif également, il y aura un ensemble de réglements qui devront intervenir et dont la Commission n'a pu que fixer la nature, leurs dispositifs étant intimement liés, subordonnés même, à l'exécution des travaux ; on peut citer, par exemple, les mesures d'hygiène concernant les quartiers indigènes et l'hygiène urbaine, celles de police relatives à ces quartiers, aux égouts etc.....

La Commission n'a donc arrêté les mesures de réalisation que dans leurs grandes lignes ; leur détail sera fixé au fur et à mesure que l'exécution des travaux rendra nécessaire l'application de ces mesures.

B — *Voies et moyens techniques et matériels.*

Cette réalisation étant subordonnée à l'établissement des projets d'exécution des divers travaux, la question des études et de la rédaction des projets a fait en premier l'objet de l'examen de la Commission.

La Colonie ne dispose pas du personnel technique

nécessaire, tant pour les études sur le terrain et la rédaction des projets que pour l'exécution des travaux du Port, d'égouts et d'adduction d'eau à Nouméa : les autres travaux peuvent être exécutés par les services techniques de la Colonie, leur peu de complexité ne nécessite pas que cette dernière ait recours, pour leur réalisation, à des concours extérieurs.

L'œuvre préparatoire limitée au Port, aux égouts et à l'adduction d'eau serait, dès lors, confiée par voie d'adjudication à une société d'études et de travaux comme il en existe en France et même en Indo-Chine.

La Société adjudicataire exécuterait ensuite les travaux, suivant les plans et devis qu'elle aurait dressés sous contrôle technique de l'Administration, toute latitude lui étant laissée d'achever ces travaux dans le minimum de temps, mais sous réserve que leur paiement, même en cas d'achèvement avant l'expiration des périodes prévues pour les tranches auxquelles ils se rapportent, resterait échelonné suivant le rythme établi par le fractionnement en tranches de l'ensemble du programme.

La Société adjudicataire introduirait et entretiendrait à ses frais son personnel technique dirigeant, ainsi que les Chefs de chantiers et ouvriers d'art ; elle apporterait également le matériel de chantier, par contre tout ou partie des matériaux de construction, suivant ce qu'il serait possible d'avoir sur les prestations, lui serait fourni en des points déterminés.

Au cas où l'adjudication serait une entreprise indo-chinoise, celle-ci arriverait même avec sa main d'œuvre, ce qui éviterait à la Colonie l'opération, toujours délicate, d'un recrutement et créerait, un lien de plus entre l'Indo-Chine et la Nouvelle-Calédonie.

Les travaux de routes, ainsi que d'autres de seconde importance comme ampleur, seraient confiés dans la plus grande mesure possible aux entrepreneurs ou à ses tâcherons locaux.

La Colonie n'aurait donc à effectuer, en régie directe, qu'un petit nombre de travaux peu importants, ou n'exigeant pas d'études spéciales et surtout pas de gros matériel, ni d'ouvriers d'art.

Les avantages de cette méthode d'exécution à l'entreprise sont évidents.

Outre ceux qui résultent normalement de la substitution de l'entreprise à la régie et notamment rapidité d'exécution entraînant économie dans le coût des travaux, il en est deux qui doivent tout particulièrement retenir l'attention.

D'un côté, la Colonie n'aurait pas à recruter et à entretenir un cadre important de techniciens, dont les soldes et les frais de passage grèveraient le budget des travaux d'autant plus lourdement que, ceux-ci une fois terminés, elle ne pourrait plus assurer à ce personnel temporaire la continuation de son emploi dans le pays.

De l'autre, elle n'aurait pas de matériel à acheter, matériel dont la majeure partie ne saurait plus d'aucune utilité après l'exécution des travaux et représenterait, dès lors, un capital improductif, voué à être irrémédiablement perdu sans profit du fait de son inutilisation.

L'application d'une telle méthode, n'exigerait au point de vue personnel technique que le recrutement de deux ou trois conducteurs des travaux publics, dont l'un serait exclusivement affecté au Contrôle de l'exécution des travaux confiés à la Société adjudicataire, l'autre ou les autres seraient chargés des études à confier à des entrepreneurs ou tâcherons locaux ou à exécuter en régie.

Au point de vue matériel, la Colonie pourrait organiser ses chantiers uniquement avec ce qu'elle possède, la Société adjudicataire apportant son propre matériel sous réserves de l'achat de petit matériel de chantier rendu nécessaire par suite du nombre de ces derniers.

En ce qui concerne la main-d'œuvre, la Commission a déterminé, comme suit, celle nécessaire à l'exécution de l'ensemble du programme.

1re Tranche. — 480 manœuvres pour la 1re année, dont 180 pour les ports et 300 pour les autres catégories de travaux, puis respectivement 120, 120 et 300 pour les 2 années suivantes.

2eme Tranche. — 280 dont 80 pour les ports et 200 pour les autres travaux.

3eme Tranche. — 40 uniquement employés aux travaux du Port.

La main-d'œuvre locale pourra, aisément, faire l'appoint nécessaire, sans que soient lésés les industries, le commerce ou l'agriculture de la Colonie.

Le recrutement maximum de main-d'œuvre porterait donc sur 480 travailleurs (manœuvres) qu'il y aurait lieu de se procurer, soit en Indochine, soit dans les Indes néerlandaises, et encore il convient de souligner qu'au cas où la Société adjudicataire serait Indo-Chinoise, ce chiffre se trouverait ramené à 309 unités, la dite Société amenant vraisemblament sa main-d'œuvre.

Un tel recrument serait d'autant plus aisé qu'actuellement des établissements miniers, industriels, agricoles et commerciaux introduisent annuellement, tant de l'Indo-chine que de Java, un contingent cinq fois supérieur. Il suffira donc, le moment venu, soit de majorer l'effectif des convois à introduire par les dits établissements, du nombre de manœuvres nécessaires pour satisfaire aux besoins des travaux à réaliser (recrutement partiel), soit d'organiser un convoi spécial correspondant à la totalité de ces besoins, c'est-à-dire de recruter en une seule fois le nombre maximum de 480 unités, ou de 300, suivant le cas, ainsi que fixé ci-dessus.

La question main-d'œuvre d'exécution est donc d'une importance de second plan et peut être résolue sans aucune difficulté, en raison des accords existants ou à établir entre les gouvernements de l'Indo-Chine, des Indes Néerlandaises et de la Colonie.

C. Voies et moyens financiers. — La combinaison financière, devant procurer les ressources nécessaires à la réalisation du programme des grands travaux, a été basée, d'une part, sur les directives données dans les câbles ministériels des 12 Mars et 23 Mai 1925 et, d'autre part, sur la répartition par tranches des dépenses afférentes à ce programme.

Ces directives indiquaient que les travaux d'outillage feraient l'objet d'un budget spécial alimenté en recettes :

1° Par une contribution des crédits du budget local égale à 1/10° des recettes ordinaires.

2° par le prélèvement sur la caisse de réserve égal au minimum pour chaque exercice à 3/4 de l'excédent des recettes sur les dépenses de l'exercice précédent.

3° Par le recours au matériel de prestations allemandes de réparations, recours envisagé dans la plus large mesure possible, matériel remboursable à l'Etat en 24 annuités à partir de la sixième tranche.

4° Par le recours éventuel à une subvention du budget de l'Etat.

5° Enfin, en dernier ressort par les fonds à provenir d'emprunts.

Nomenclature que le câble du 23 Mai précité a modifié en supprimant le recours à la subvention de l'Etat et en précisant que le recours à l'emprunt devait être envisagé dans la mesure seulement où les ressources ci-dessus seraient insuffisantes à assurer l'exécution des travaux de la tranche triennale.

En s'inspirant de ces directives, la Commission a basé sur les principes suivants la combinaison financière élaborée :

1°/ Eviter un recours direct au budget de l'Etat.

La situation financière de la Mère-Patrie ne lui

permet pas de venir pécuniairement en aide à ses Colonies pour leur mise en valeur : baser celle-ci sur un recours financier de la Métropole serait retarder l'ouverture des travaux, qu'il n'est plus possible de différer, dans la situation actuelle de la Colonie, sans compromettre gravement son avenir économique.

Mais à défaut d'un recours direct, il est permis d'escompter une participation indirecte de la Métropole à cette mise en valeur : elle se présente naturellement sous forme de remise gracieuse à la Colonie de bâtiments du domaine militaire et pénitentiaire, dont l'Etat n'a pas et n'aura plus à l'avenir l'utilisation.

Les bâtiments, dont la cession à titre gracieux serait envisagée, ont déjà été indiqués au § B du titre 1er : il paraît utile d'en donner à nouveau la nomenclature ;

Batiments Militaires. — a) L'ex-caserne d'Artillerie (quartier Bonnier) actuellement louée à la Colonie et où est installé le Collège Colonial.

Celui-ci y serait aménagé, avec l'école professionnelle qui en dépend et une école technique à créer, d'une façon définitive dès la remise des bâtiments à la Colonie.

b) L'Intendance Militaire, qui abrite également les bureaux de la pénitentiaire et du Service Marine, vaste et solide immeuble en grande partie inutilisé, en raison des faibles effectifs militaires, de la disparition progressive des éléments pénitentiaires et du peu d'importance des approvisionnements de la flotte de guerre.

Les Services de l'Intendance et de Marine pourraient parfaitement être installés dans un autre immeuble militaire, à la Caserne d'Infanterie, par exemple, ce qui, outre la concentration en un même point de tous les éléments militaires de la Colonie, aurait pour avantage de rendre disponible un immeuble qui conviendrait parfaitement à l'installation d'un Hotel des Postes.

Cette concentration serait d'autant plus aisée, que édifiée pour abriter l'effectif d'un bataillon, la caserne d'Infanterie ne sert plus qu'à loger un nombre d'hommes à peine équivalent à celui d'une compagnie du temps de paix.

Le bâtiment principal (logement de la troupe) et les bâtiments annexes ont de nombreux locaux vaccants, dont l'utilisation pourrait être réalisée sans porter atteinte à la destination normale des immeubles disponibles.

Bâtiments pénitentiaires. A l'ex-hôpital du Marais envisagé pour l'installation d'un asile de vieillards et d'aliénés, et aux bâtiments de Montravel destinés à l'aménagement définitif de l'école de Moniteurs indigènes et à la création d'une école professionnelle également pour indigènes, ainsi qu'il l'a été exposé précédemment, il convient d'ajouter les établissements pénitentiaires existant à Maré et établis pour la déportation ; récemment désaffectés, ces immeubles se prêteraient merveilleusement à l'établissement des services administratifs et surtout hospitaliers de l'île (dispensaire).

C'est ce à quoi, sous réserve de la question des perstations ci-après envisagées, se bornerait le concours de la Métropole.

Il convient d'ajouter que ces bâtiments, inutiles ou inutilisés par l'Etat, ne sont pas entretenus comme il conviendrait pour le prestige national, et que, par ailleurs, leur aliénation ne serait pas d'un grand rapport pour l'Etat, la disposition des bâtiments sus-visés, conçue en raison de leur destination spéciale (hôpital, manutention, caserne) étant un obstacle à leur utilisation par des particuliers, leur valeur vénale en serait diminuée d'autant.

Le sacrifice de la Métropole, s'il devait s'évaluer en espèces, ne serait vraisemblablement pas très élevé ; en tout état de cause, il serait largement compensé, d'une part, par les avantages qu'elle retirera de la mise en valeur de la Colonie et, d'autre part par l'économie résultant de dépenses d'entretien auxquelles l'Etat n'aurait plus à pourvoir.

2° Recours aux prestations allemandes dans la plus large mesure possible, avec le maximum de rendement pour les deux premières tranches et dans les conditions mêmes tracées par les directives ministérielles.

3° Emission d'un emprunt local de 7 millions.

Les fonds de la Caisse de réserve sont réduits à néant, ou sont si insignifiants, qu'il n'est pas possible d'en faire état dans les recettes propres à assurer l'exécution du programme.

A défaut de la caisse de réserve, il est indispensable d'avoir dès l'origine des travaux les fonds nécessaires à leur mise à exécution et surtout, ceux indispensables pour parer aux imprévus, notamment au fléchissement des recettes budgétaires ordinaires, qui compromettrait gravement la réalisation du programme.

Un emprunt est donc nécessaire.

Il serait appelé par tranches successives, au fur et à mesure des besoins, en vue de ne pas immobiliser les capitaux et surtout d'éviter de payer de lourds intérêts sans aucun profit.

La Commission a fixé au maximum de 7 millions le montant de cet emprunt, dont la réalisation serait effectuée en deux tranches, l'une de 4 et l'autre de 3 millions, respectivement remboursables par annuités égales au 1/50e du capital, les sommes restant dues portant intérêt au taux maximum de 7 1/2 %.

Les taxes de péage, dont il sera question ultérieurement, pourront, entr'autres contributions, servir de garantie au dit emprunt.

Celui-ci serait exclusivement local et la Colonie n'aurait pas à demander à la Métropole de prendre place sur son marché financier ; la garantie toute, morale, de cette dernière serait seule suffisante.

4° Participation de la Ville de Nouméa à l'exécution des travaux pendant la période de 20 années prévue pour cette exécution.

Bien que d'intérêt général, certains travaux contribueront surtout au développement économique, à l'agrandissement, l'embellissement de la Ville de Nouméa Chef-lieu de la Colonie.

Il est donc équitable que la Ville participe pécuniairement à la réalisation du programme ; sa collaboration financière a été fixée à 250.000 frs par an, pendant une période de 20 ans, celle d'exécution, soit un total de 5 millions.

La Ville n'ayant que peu ou pas de ressources propres, la contre partie de cette somme doit lui être assurée et le sera, d'une part, par le relèvement des sommes provenant de la répartition entre les Municipalités locales du produit de l'octroi de mer, relèvement qui résultera du développement du port et des opérations qui s'y pratiqueront et, d'autre part, par la création de taxes pour l'usage des égouts.

Il convient de remarquer que ces taxes ne constitueront, pas une imposition nouvelle de la population du chef-lieu ; le service des vidanges, tel qu'il est indiqué au § d (hygiène) de l'art. B du titre 1ᵉʳ, est assuré, dans les conditions fixées par un cahier des Charges, par un entrepreneur autorisé à percevoir une rétribution mensuelle des habitants ; la construction d'égouts fera disparaître le service actuel, mais la rétribution pourra être maintenue : au lieu d'être versée à un particulier, elle le sera à la Ville sous forme de taxe.

5° *Contribution du Port de Nouméa à l'exécution des travaux, par la création de taxes de péages.*

Le prélèvement de 1/10 des recettes ordinaires du budget, s'il peut être intégralement effectué, ce qui n'est pas certain en raison du renchérissement croissant de toutes choses, assurera au budget spécial, à créer en vue de la réalisation du programme, une dotation d'environ 1.300.000.

A cette somme s'ajouteront celles à provenir : de la spécialisation de certaines recettes (timbre) devant normalement être incorporées au budget ordinaire, du transfert de ce budget au budget spécial des recettes à recouvrer au titre de la taxe sur les bénéfices de guerre ; de la participation de la Ville de Nouméa et de l'emprunt à réaliser.

L'ensemble de ces ressources est insuffisant pour assurer, au point de vue financier, la réalisation du programme.

Il faut fournir un complément, estimé à 750.000 frs par an.

Le budget ordinaire participe actuellement et, en moyenne, pour environ 300.000 frs par an à l'exécution de travaux neufs qui sont incorporés au programme de mise en valeur ; le prélèvement du 1/10 augmentera cet effort de 1 000.000. Il paraît impossible de combler l'insuffisance des ressources du budget extraordinaire en demandant au budget ordinaire une contribution complémentaire.

La Commission a donc jugé nécessaire la création de taxes nouvelles, taxes d'ailleurs spécialisées, qui permettent non seulement de procurer au budget extraordinaire les ressources qui lui font défaut, mais encore de donner à ce dernier toute l'élasticité nécessaire à la réalisation sans à coups du programme projeté.

Puisque le Port doit être développé et outillé, il a semblé logique de prévoir la création de taxes de péages comme il en existe dans les ports métropolitains et coloniaux.

Les travaux de port projetés atteindront, ainsi qu'on l'a vu précédemment 24.000.000 ; il est possible de se rendre compte qu'en demandant aux taxes de péages un rendement maximum annuel de 1.250.000 à 1.500.000, le capital de 1er établissement ne serait rémunéré qu'à raison de 5 ou 6 °/₀ et encore ces chiffres représentent-ils des maxima, puisqu'il n'est pas tenu compte, dans ce capital, des dépenses de 1er établissement effectuées pour les travaux déjà exécutés (600 m. de quai, 2 magasins).

La Commission a toutefois estimé qu'un rendement de 1.250.000 frs serait suffisant pour servir d'une part à alimenter le budget extraordinaire à raison de 750.000 frs par an et d'autre-part, pour 500.000 frs à faire face aux dépenses du port, dont l'organisation en port autonome est à réaliser ; ce qui, notamment, déchargera d'autant le budget ordinaire dont les dépenses iront, en croissant, du fait des dépenses d'entretien - notamment des routes - des ouvrages réalisés.

Les taxes de péage envisagées s'appliqueraient au tonnage des navires à l'entrée et à la sortie du port, et au tonnage de marchandises (entrée et sortie), aux taux de 2 frs le tonneau pour les navires et 8 frs la tonne pour les marchandises, (droits de quai compris) ce qui représenterait environ 640.000 pour la part des navires et 1.040.000 environ pour les marchandises, soit au total 1.680.000, chiffre qu'il convient de ramener à 1.500.000, pour tenir compte, tant de la ristourne faite actuellement à la Ville de Nouméa des droits perçus au quai (170.000 frs minimum annuel), que des frais de perception des taxes de péage.

Ce chiffre calculé sur la moyenne des tonnages du port en 1923 et 1924 est un minimum, puisque le nombre de navires fréquentant le port et le tonnage de marchandises vont sans cesse croissant.

La différence de 250.000 frs existant entre le revenu net des péages et la somme estimée correspondre aux besoins actuels, donnera à la trésorerie du budget spécial la possibilité de faire face à toutes éventualités ; arrêt des prestations, non recours à l'emprunt, progression des besoins du port du fait de son développement. Il est indispensable que le budget spécial ait une telle marge de sécurité pour garantir la marche ininterrompue des travaux.

Il importe cependant, de noter que l'application des taxes de péage telles qu'elles sont indiquées, ne grèveraient les marchandises que de soixante centimes pour cent francs 0,60 °/₀ et que les redevances à demander aux navires seraient largement compensées, du fait des nouveaux dispositifs et outillage à organiser, par une économie de temps de stationnement à quai de 50 °/₀ notamment pour

ceux des Messageries Maritimes des services contractuels.

L'assiette, le taux et le mode de recouvrement
de péage seraient déterminés dans les formes et
suivant les règles qui président à la création de
pareilles taxes dans les ports de la Métropole ; les
tarifs à adopter seraient environ de moitié inférieurs
à ceux des ports de cette dernière où ils sont le
plus bas.

Les taxes ne seraient perçues qu'en rémunération
des services rendus au Commerce et à la navigation
par l'exécution du programme ; leur application
progressive et l'accroissement de leur rendement
seraient donc uniquement fonction du développement des travaux, c'est-à-dire des améliorations
et extensions apportées au port.

De ce qui précède, l'intérêt de les réaliser, dans
le minimum de temps, ressort très nettement et c'est
pourquoi la première tranche des travaux, dont le
détail a été donné précédemment a l'ampleur sou-
lignée notamment pour ce qui concerne la partie
du programme se rapportant aux ports et à la
navigation.

Créées en 1926, les taxes de péage rapporteraient
que 100.000 frs en 1927, 250.000 en 1928, et
1.250.000 en 1929, époque à partir de laquelle elles
auraient leur plein effet.

6°. — *Création d'un budget extraordinaire*

Elle répond aux directives ministérielles, qui
prévoient la création d'un budget spécial.

Celui-ci étant alimenté par des ressources dont
le rendement est indépendant, ou presque, des
fluctuations économiques locales, il présentera toutes
les garanties nécessaires pour la poursuite, sans
arrêts, de tous les travaux envisagés.

La Commission, sur ces bases, est arrivée à établir l'effort financier à demander à la Colonie ; elle
n'a indiqué la valeur de cet effort que pour la période
de réalisation - soit 20 ans - (1926-1945) estimant
qu'après cette époque, les travaux étant terminés,

la Colonie n'aurait plus à faire face qu'aux annuités de remboursement de l'emprunt et des prestations, charges peu lourdes, en regard des ressources procurées par l'institution des taxes de péage.

Ces charges iront d'ailleurs en décroissant d'année en année par le jeu du remboursement de l'emprunt, (10.500 frs de diminution d'intérêts par année) puis par l'achèvement du remboursement des prestations (1955) ; à partir de cette époque il ne resterait qu'à continuer le service de l'emprunt qui se terminerait en 1975 pour la 1re tranche et 1977 pour la seconde.

Pour la période de 20 ans envisagée, les recettes et les dépenses figurant au budget extraordinaire se présenteraient de la façon suivante :

1° en Recettes

Participation du budget ordinaire à raison de 1.300.000 fr. par an.

Pendant 20 ans		26.000.000
Participation du port		
1re tranche	500.000	
18 années suivantes à 750.000	11.350.000	
		13.850.000
Participation de la Ville de Nouméa . . . . . . 250.000 par an pendant 20 ans		5.000.000
Emprunt local		7.000.000
Total		51.850.000

2° en Dépenses

Montant du programme	56.775.000	
duquel il convient de déduire	19.650.000	
correspondant aux prestations remboursables après la période de 20		
à Reporter		51.850.000

Report.... 51.850.000

ans envisagée.

37.125.000

En capital
Remboursement de
l'emprunt
1re tr. 20
—   1.600.000
50
2e tr. 18
—   1.080.000
50

2.680.000

Paiement des intérêts
sur les sommes dues
1re tranche d'emprunt   4.860.000
2e tranche d'emprunt   3.061.500

7.921.500

47.726.500

Excédent des recettes sur les dépenses : 4.123.500

Excédent qui permettra, pendant la période envisagée, de donner à la trésorerie du budget extraordinaire toute l'élasticité voulue pour parer à l'insuffisance de rendement des ressources devant l'alimenter, au cas où des causes économiques viendraient à faire fléchir certaines recettes de la Colonie.

Il est incontestable, dans ces conditions, que le
budget spécial présente toute l'aisance compatible
avec exécution sans à coups des travaux projetés.

Telles est la combinaison financière élaborée
dans sa généralité.

Elle fait ressortir que les sacrifices à consentir
sont modestes et, par conséquent, en harmonie avec
les possibilités financières de la Colonie ; la question financière ne saurait donc être un obstacle à
la réalisation complète du programme de mise en
valeur de la Colonie.

Encore, convient-il d'ajouter qu'elle a été élaborée sans faire état des participations que ne manqueraient certainement pas d'accorder les grosses Sociétés minières ou métallurgiques du pays, directement intéressées chacune à la réalisation de certaines parties déterminées du programme : ces participations seront sollicitées, le moment venu, et elles viendront diminuer d'autant l'effort financier de la Colonie.

C'est ainsi que la Société le Nikel, dont les principaux établissements sont installés à Thio, avait envisagé, il y a 4 ans, une particiqation de 50 °/₀ dans les dépenses de construction de la route projetée de Bouloupari à Thio qui mettra ces établissements à 3 heures à peine du Chef-lieu de la Colonie. De plus la même Société possède des établissements (en construction) à Yaté, auquel la route La Coulée-Yaté permettra d'accéder en 2 ou 3 heures du Chef-lieu. L'ouverture des 2 routes sus-visées présentera de tels avantages à la dite Société, qu'il n'est pas douteux qu'elle y participe activement et par tous ses moyens d'actions.

Ces avantages sont si évidents que la Société Forestière établie à la Baie des Pirogues, lieu par lequel passera la route la Coulée-Yaté, a déjà offert gracieusement les bois nécessaires à la construction de 2 grandes passerelles à édifier entre la Coulée et la Baie des Pirogues.

Toutefois, la Commission, estimant qu'elle ne devait se baser que sur des réalités et non sur des probabilités, n'a pas cru devoir en tenir compte dans ses prévisions.

Ainsi qu'on l'a vu, la combinaison financière repose :

1° sur la création d'un budget spécial alimenté par les ressources provenant :

a) du prélèvement jusqu'à concurrence du 1/10° sur les recettes du budget ordinaire ;

b) de la création de taxes de péage ;

c) de la participation de la Ville de Nouméa ;

d) de la réalisation d'un emprunt de 7 000.000 ; auxquelles viennent s'ajouter celles de l'impôt du timbre et des restes à recouvrer sur la taxe des bénéfices de guerre.

2° et le recours aux prestations allemandes.

Ces différents points ont été examinés dans leurs généralités ; il convient de préciser ici quelques points de détail, dont l'importance ne saurait échapper et qui viennent fortifier les principes-basés de la dite combinaison.

En premier lieu, M. l'Inspecteur des Messageries Maritimes Le Scour, récemment de passage à Nouméa, a fait connaître officiellement, que si, du fait des améliorations et extentions à apporter au port de Nouméa, une économie de 50 %, pouvait être réalisée sur le temps de stationnement à quai des navires de sa compagnie, celle-ci n'hésiterait certainement pas à verser, au titre des péages, la somme correspondante à l'économie réalisée soit 150.000 f. par navire, alors que l'application des péages à créer n'atteindrait que 50.000 fr. environ.

Par ailleurs, le Directeur de la Succursale de Nouméa de la Banque de l'Indo-Chine, Membre de la Commission, qui a participé à l'élaboration de la combinaison financière, l'a estimée fondée sur des bases solides et précises, qu'il serait aisé de placer sur les marchés de Nouméa l'emprunt projeté pour lequel le concours de la Banque était par avance acquis.

Enfin, la Municipalité de Nouméa, tenue au courant des travaux de la Commission par le Maire, également membre de cette dernière, a pleinement admis le principe de sa contribution.

Ainsi, dès leur origine, les mesures propres à assurer les ressources principales du budget extraordinaire ont été favorablement accueillies des intéressés, qui seront pour la Colonie des auxiliaires précieux, en raison de la valeur des appuis qu'ils lui apporteront, pour la réalisation de son programme de mise en valeur.

Si encourageantes que soient les invitations de recours au matériel de prestations allemandes, il convient cependant de considérer les choses avec optimisme du fait de la situation actuelle ; aussi, bien que la Commission ait envisagé le recours maximum aux prestations, dans le minimum de temps, elle n'a pas voulu subordonner la réalisation du programme à la fourniture des prestations allemandes, au cas où celles-ci viendraient à faire défaut, la mise en valeur de la Colonie ne serait nullement compromise, mais seulement retardée. Au lieu de s'échelonner sur 20 ans, ce que rendent possible les prestations et le mécanisme de leur remboursement, il faudrait envisager une période plus longue dont la durée serait à déterminer suivant les possibilités financières de la Colonie.

D.— Mesures administratives.—

Ainsi qu'il a été exposé dans les considérations générales aux mesures de réalisation du programme qu'elle a élaboré, la Commission a dû se borner à ne donner que des indications relatives aux mesures administratives de réalisation de ce programme.

Ces mesures ont d'ailleurs été esquissées dans ce qui précède, ou en résultent nettement.

Puisqu'elles n'ont pas été examinées dans leur détail, on ne peut que se borner à les rappeler dans l'ordre où vraissemblablement, il sera nécessaire de les appliquer :

a) mesures préliminaires.

Mise au concours des études et des travaux susceptibles d'être confiés à des entrepreneurs ;

Recours aux prestations et modalités de remboursement ;

Cession des bâtiments militaires et pénitentiaires ;

Autonomie du Port ;

b) mesures d'exécution

Recrutement du personnel de contrôle de l'exécution des travaux ;

Réorganisation municipale ;

Organisation des quartiers indigènes et régle--

mentation au point de vue police et hygiène de tous les indigènes ou immigrés indigènes ;

Réglementation des habitations à bon marché ;

Réglements de police municipale (hygiène urbaine, égouts, distribution d'eau).

Recrutement de chargés d'étude des richesses naturelles du pays.

Certaines d'entre elles, indépendantes de la réalisation du programme de mise en valeur de la Colonie, sont actuellement à l'étude ; leur application, déjà reconnue nécessaire, deviendra indispensable lorsque cette réalisation sera un fait accompli ; c'est notamment le cas des mesures de police municipale, ou de police et d'hygiène des indigènes.

Enfin, il convient de préciser que certaines des mesures préconisées ont fait l'objet de vœux de la part de la Commission, vœux dont la prise en considération, pour quelques uns d'entre eux, ne pourra intervenir qu'au moment de la réalisation du programme :

Ils sont relatifs :

A la cession gratuite, à la Colonie, par l'Etat des bâtiments militaires et pénitentiaires qui ne lui sont plus d'aucune utilité.

A l'organisation du port en port autonome ;

A la réglementation de l'immigration (logements sains des indigènes, refus d'octroi aux autochtones de résidences libres au Chef-lieu)

A la démolition des habitations insalubres (renforcement des mesures de police pour leur destruction, refus de délivrance ou de renouvellement de patentes ou de licences aux commerçants installés dans des habitations reconnues insalubres)

Tels sont, résumés, les travaux de la Commission, travaux que la lecture des documents joints permettra de suivre dans son ensemble.

La Commission a écarté de son programme toute idée de luxe et n'a recherché que ce qui était vraiment indispensable et pratique pour la mise en valeur de la Colonie, compte tenu tant de ses ressources financières que de ses merveilleuses possibilités dans toutes les branches économiques.

La Commission espère avoir atteint le but proposé, soit l'établissement du fondement solide de l'œuvre, dont la réalisation permettra à la Nouvelle Calédonie d'occuper dans le Pacifique austral une situation privilégiée à tous points de vue et qui lui revient pour ainsi dire de droit, de par sa position géographique, ses richesses naturelles variées, la valeur de sa population exclusivement française et ses facultés de rayonnement sur les terres avoisinantes, qu'elles soient françaises ou étrangères.

Pour que se réalisent à brève échéance ces hautes destinées, la Commission pour terminer, croit devoir faire appel au complet bon vouloir de la Colonie tout entière et de ses représentants qualifiés, quels que soient les corps élus auxquels ils appartiennent, et à toute la sollicitude de la Mère-Patrie pour laquelle le développement intégral de la Colonie est une question d'ordre national, en raison de l'intérêt primordial que présente le Pacifique en général, le Pacifique Austral en particulier, dans la politique mondiale.

Nouméa le 9 Novembre 1925

Le Secrétaire,   Le Président,

René EVEN   R. DE LA VAISSIÈRE

Vu :

Nouméa, le 12 Novembre 1925.
le Gouverneur
J. GUYON.